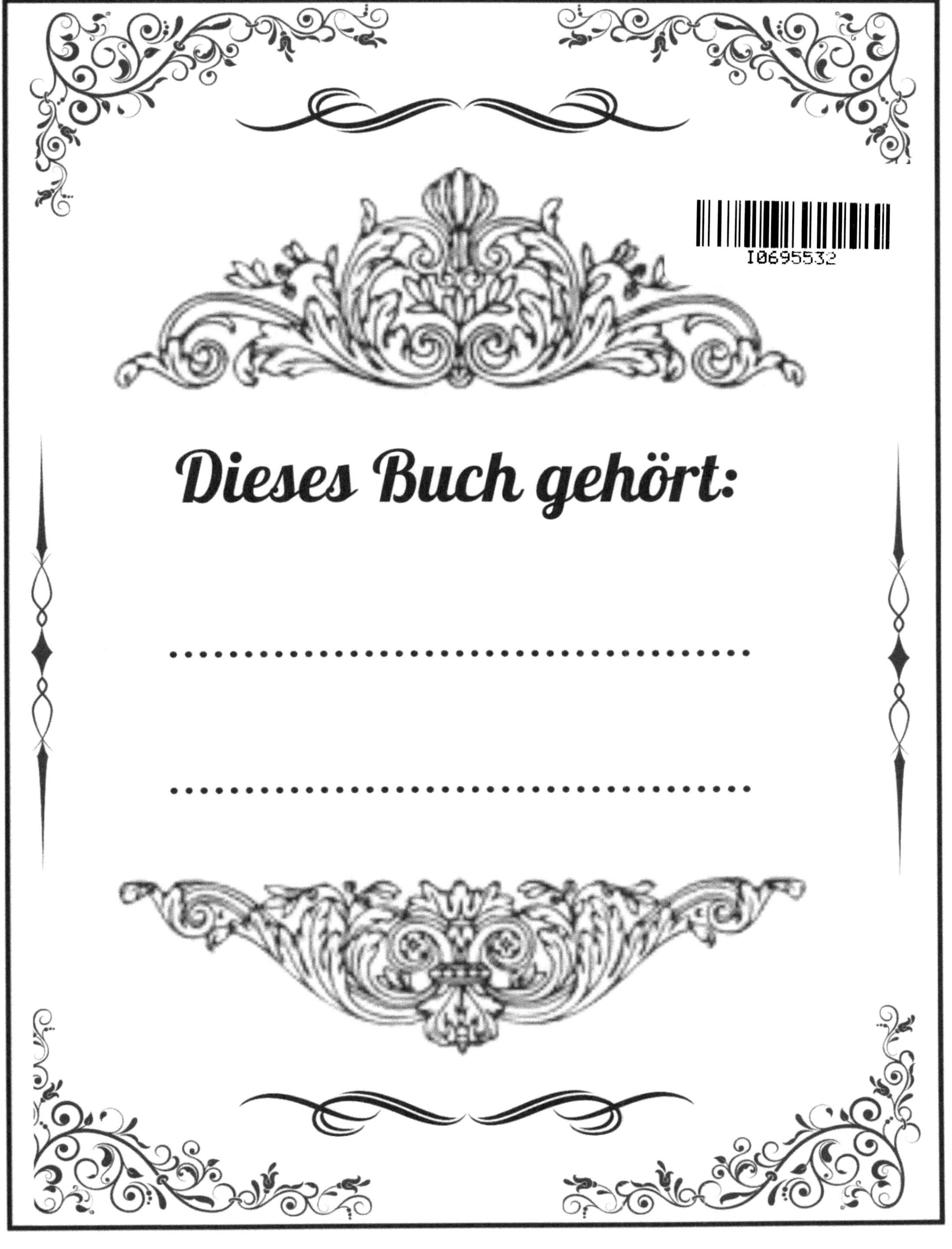

Dieses Buch gehört:

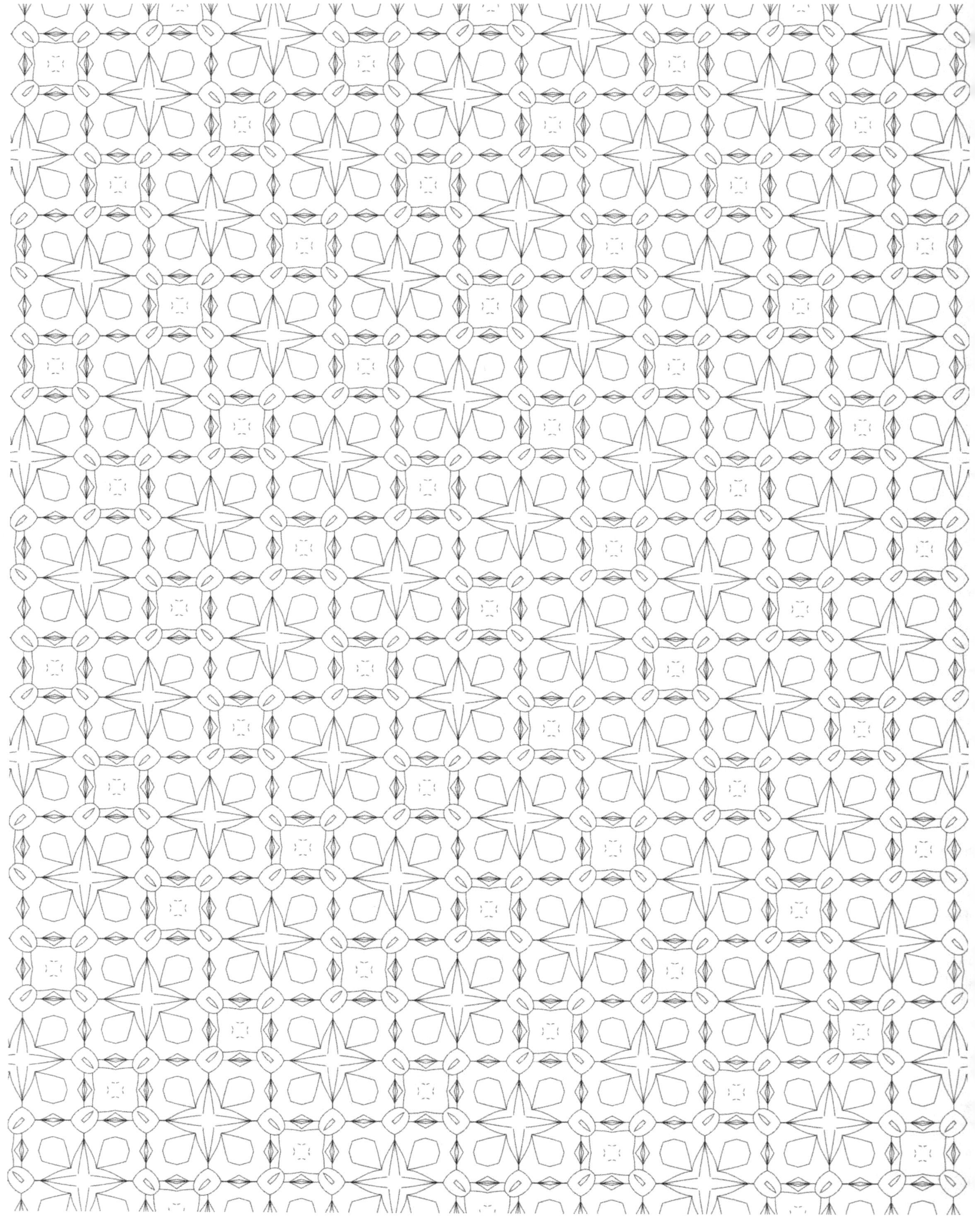

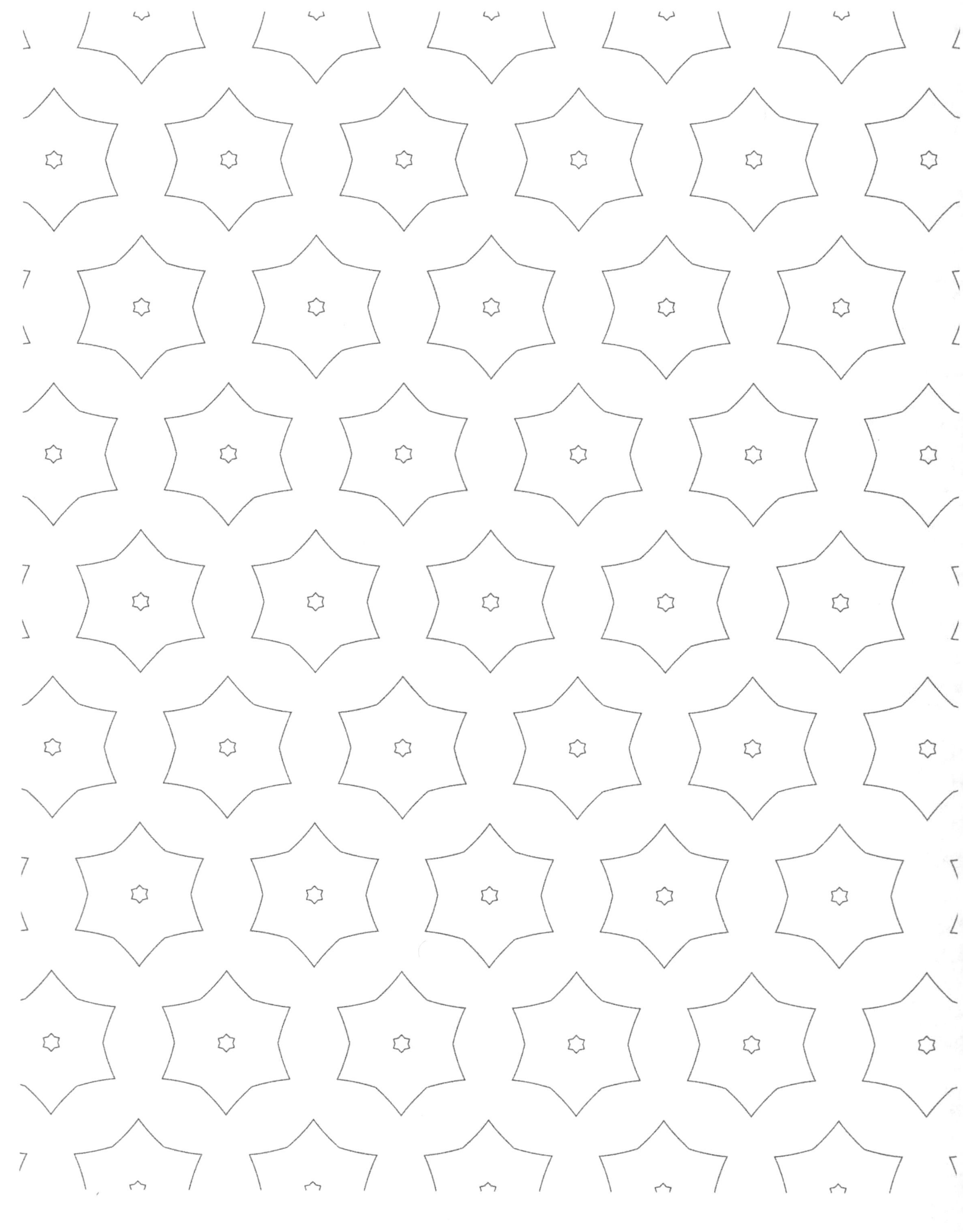

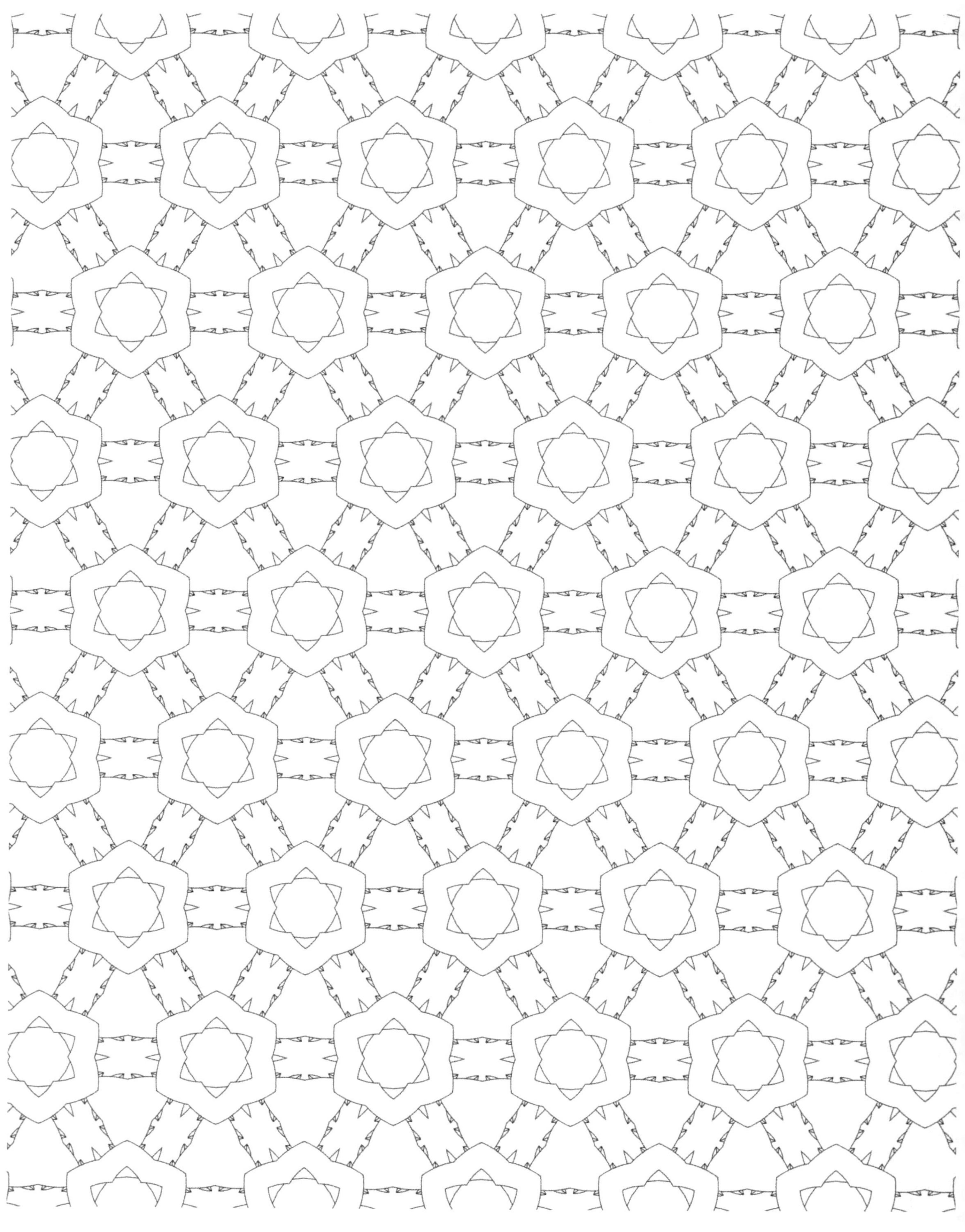

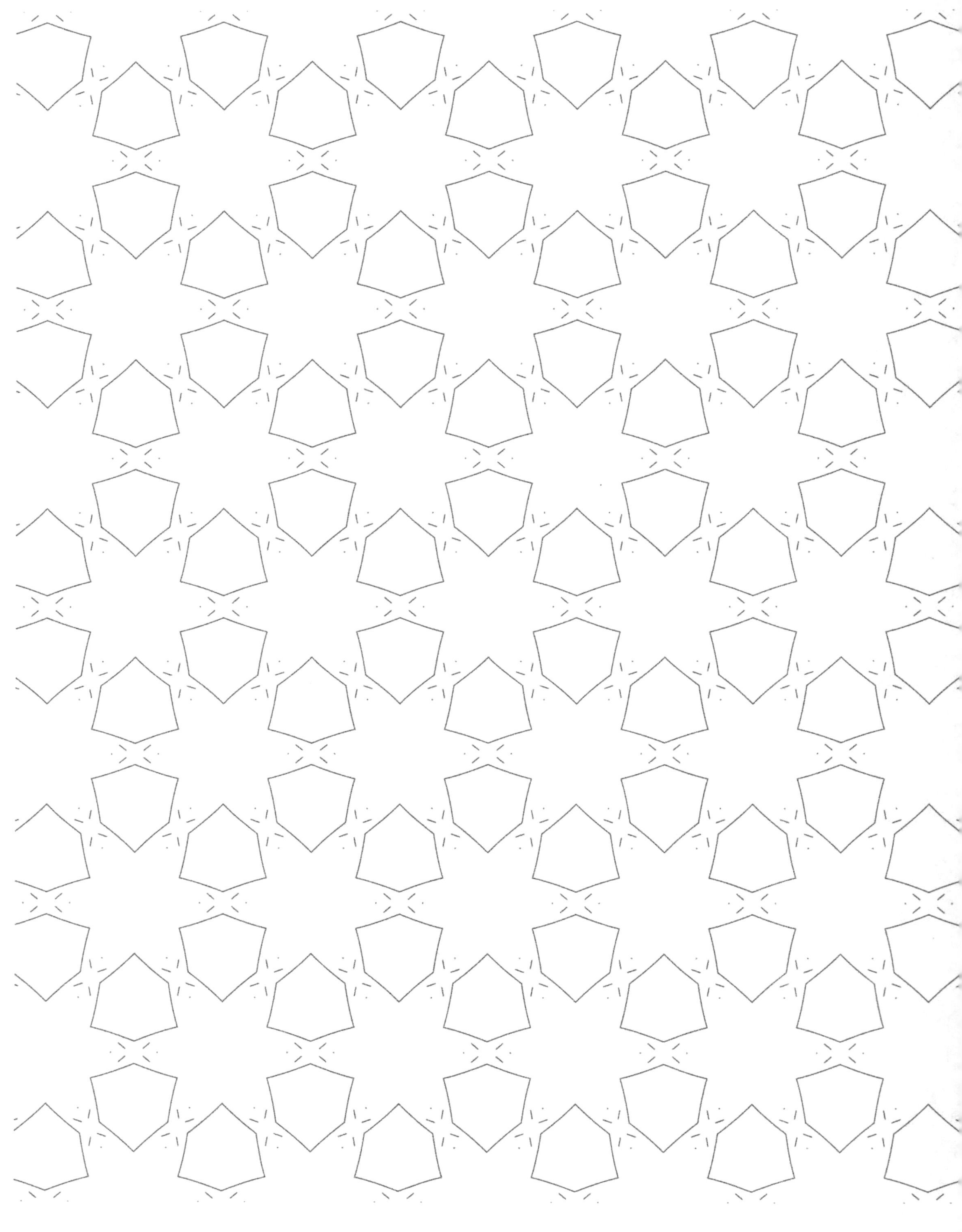

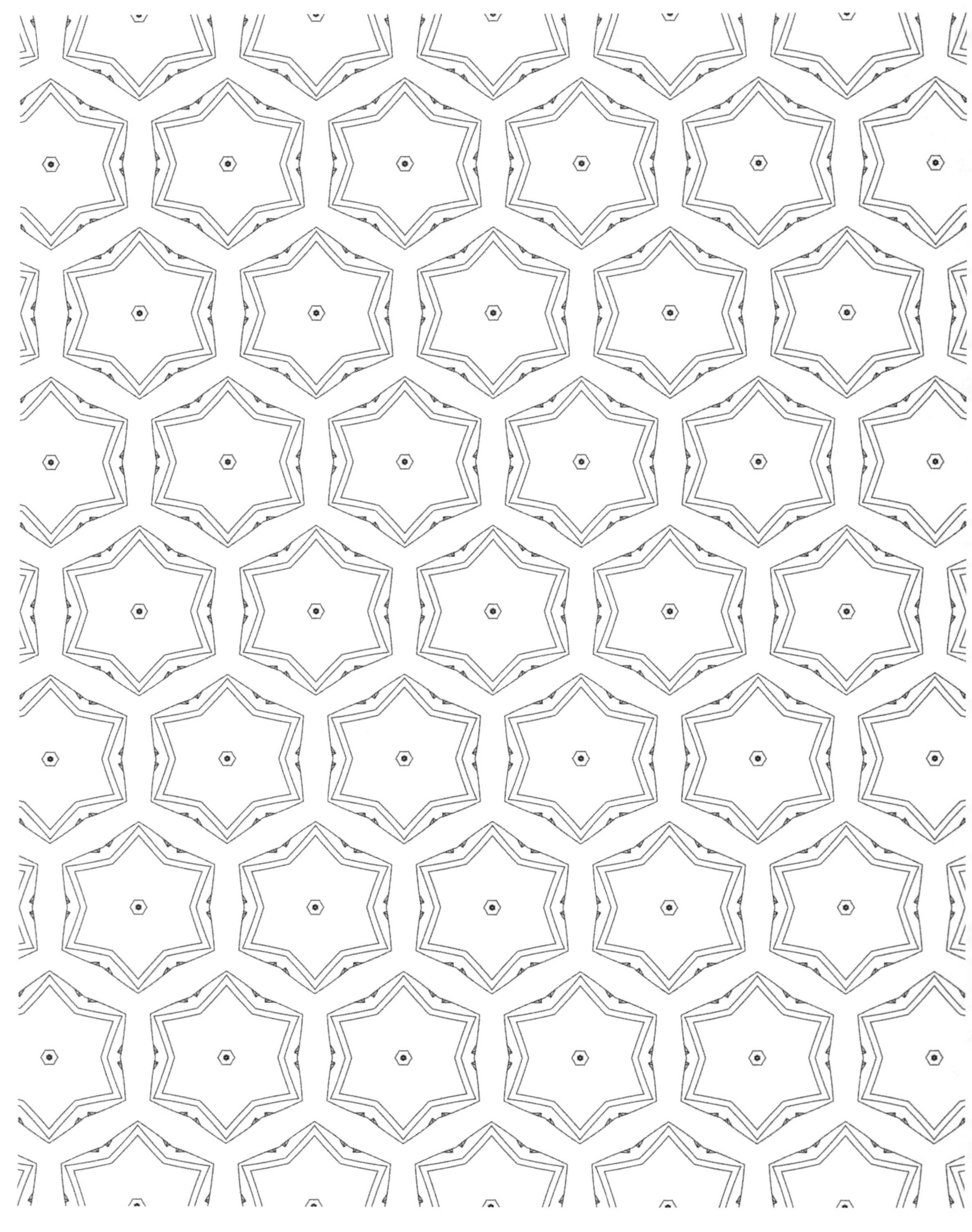

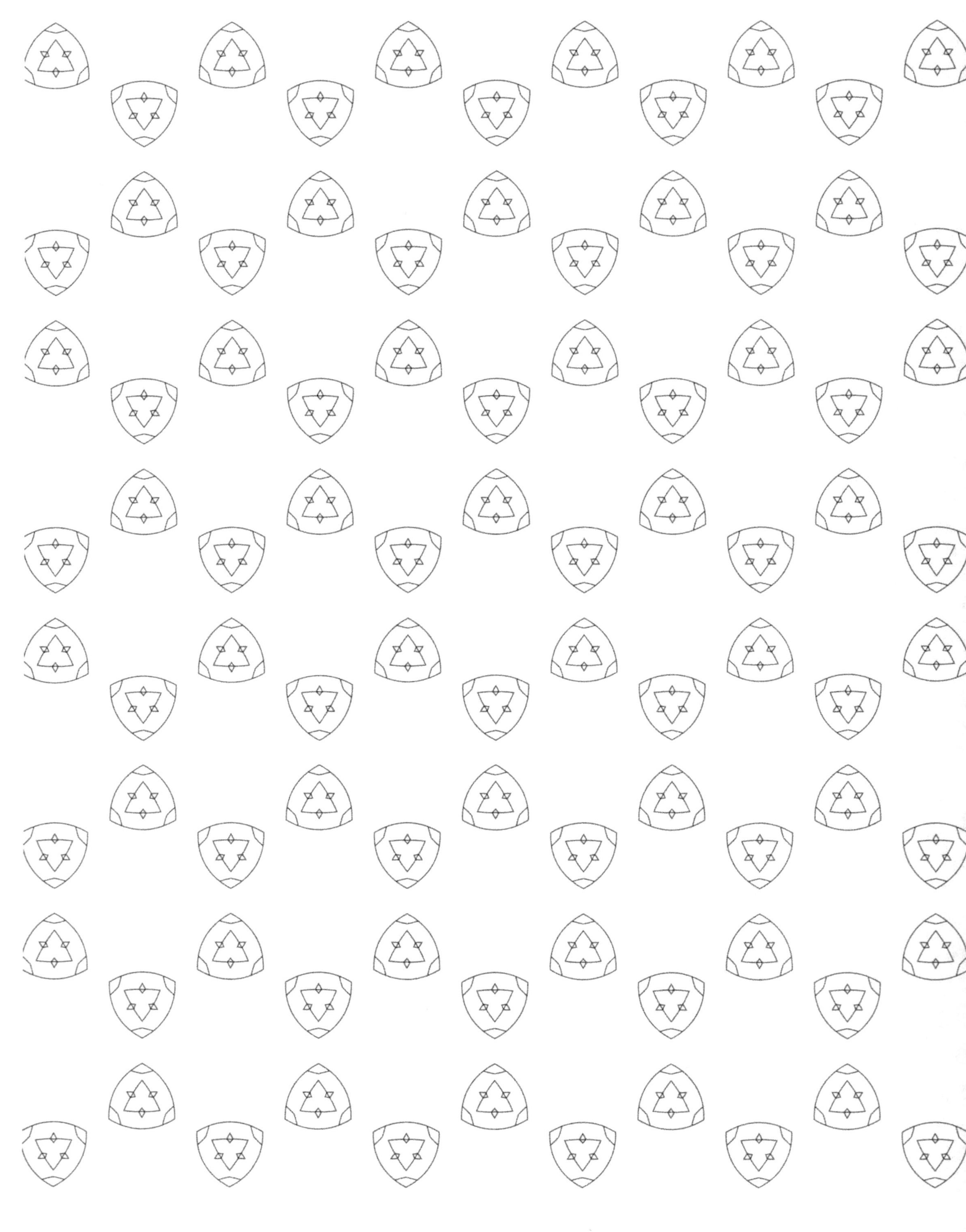

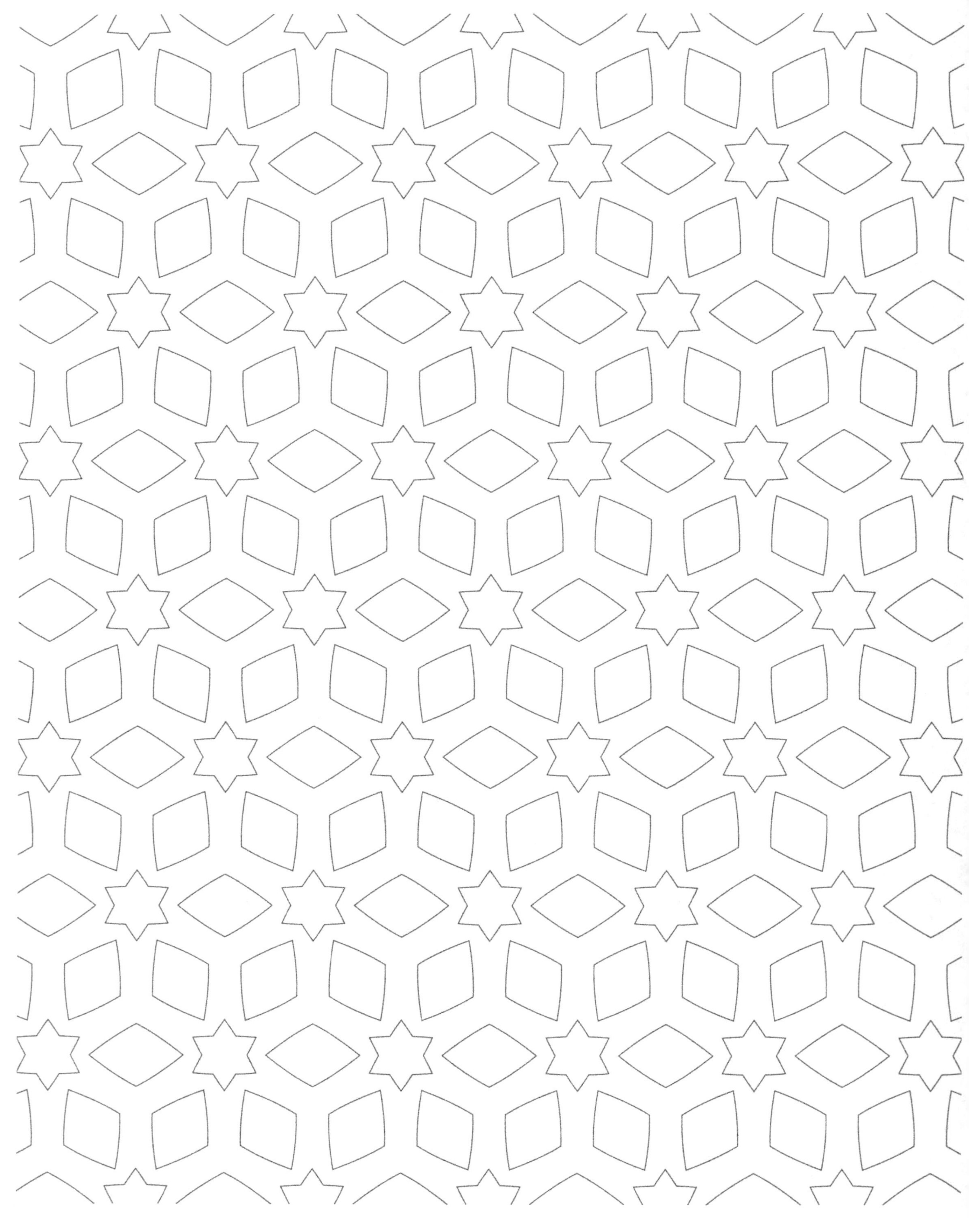

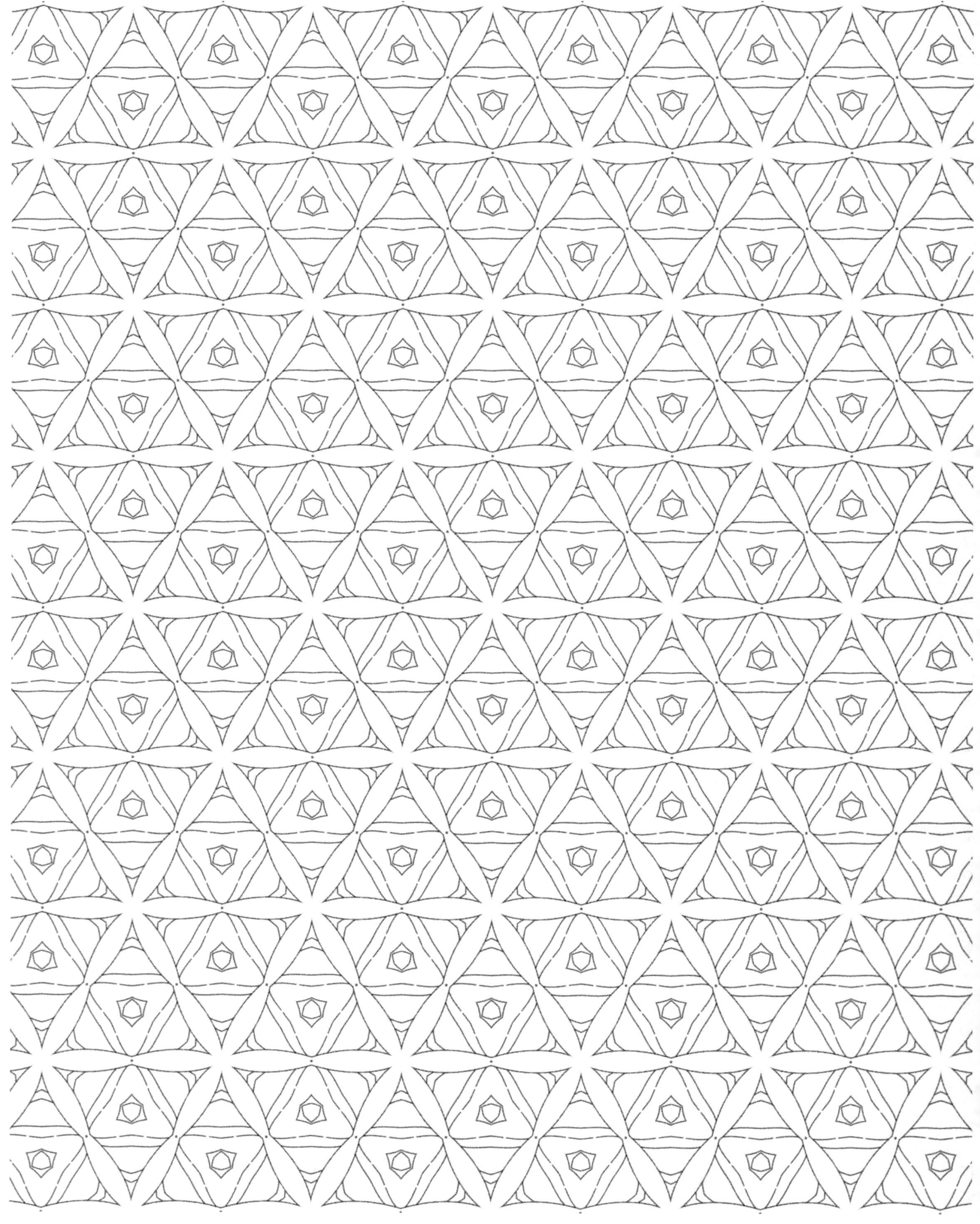

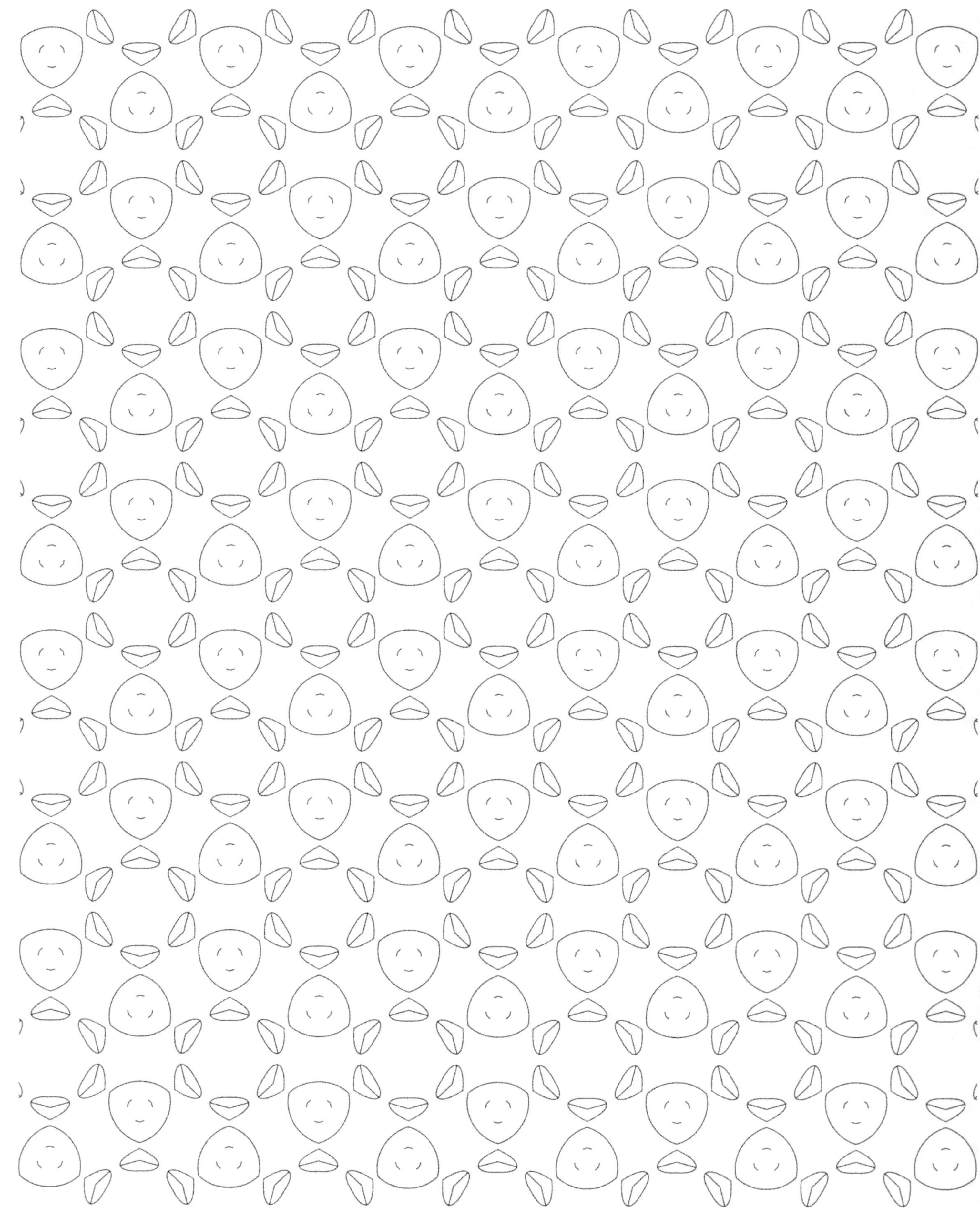

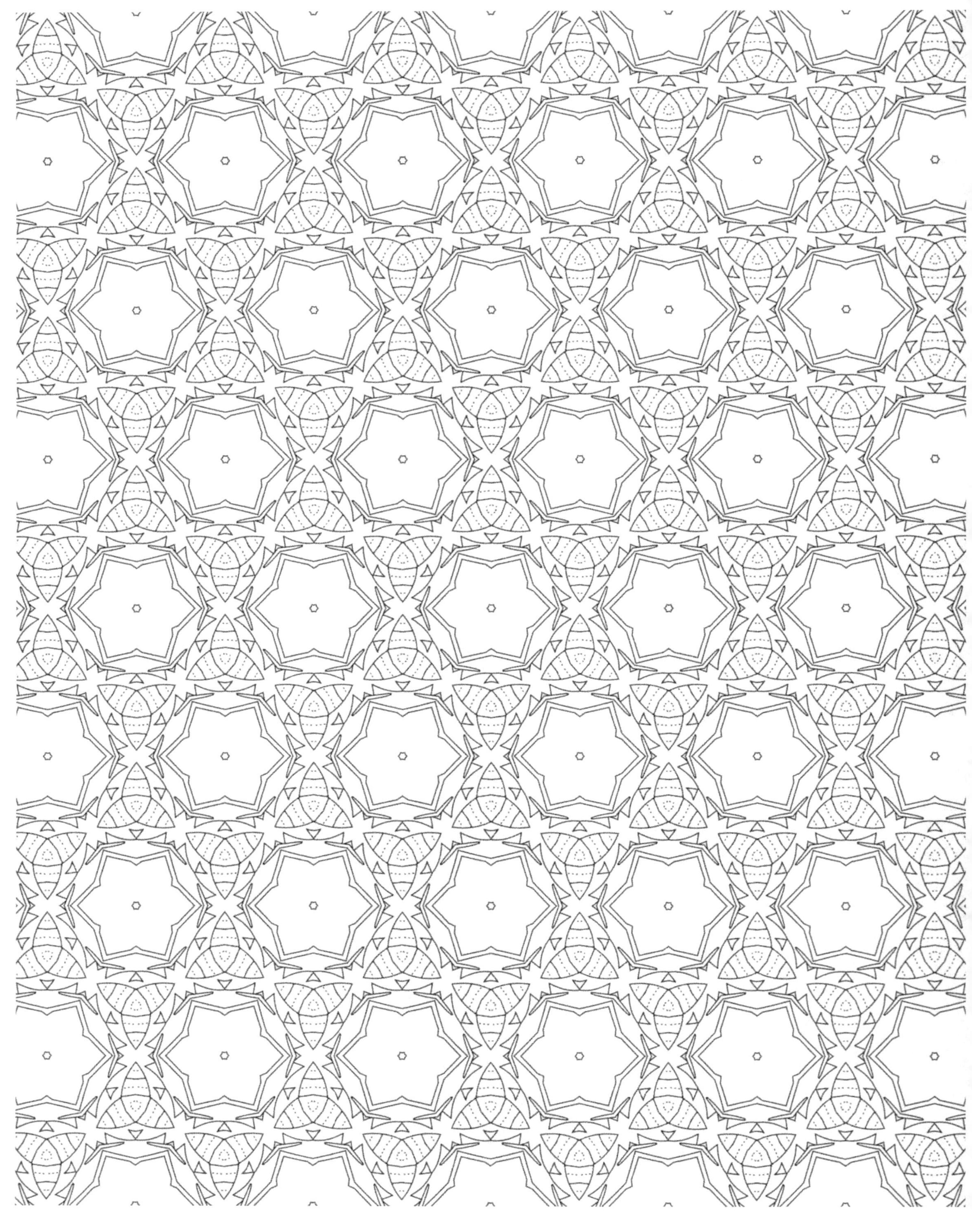

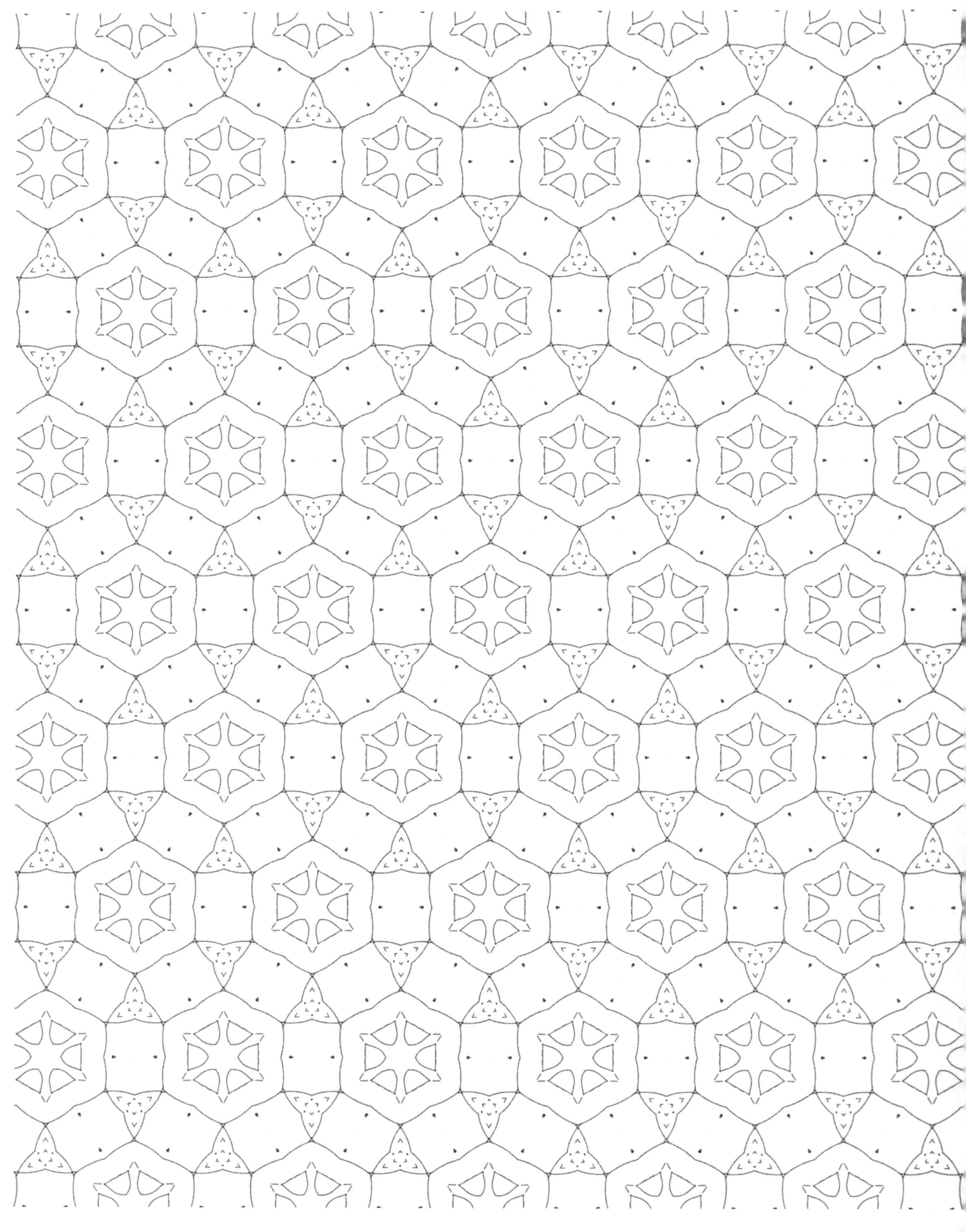

www.ingramcontent.com/pod-product-compliance
Lightning Source LLC
Chambersburg PA
CBHW081522250726
48659CB00009B/2908

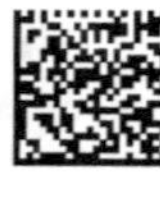
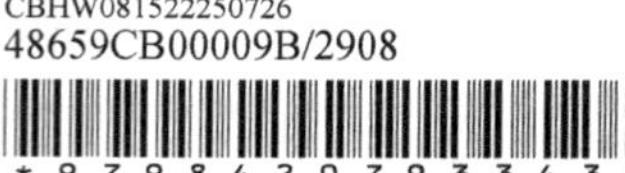